Reise durch die

# ALGARVE

## PORTUGALS SCHÖNER SÜDEN

Bilder von
Chris Seba

Texte von
Andreas Drouve

Stürtz

***Erste Seite:***
*Die Algarve, das ist auch eine Region, in der die Zitronen blühen und im dunklen Laub die Gold-Orangen glühn, selbst in der Hauptstadt Faro.*

***Vorherige Seite:***
*Ein zauberhafter Schatz der Natur: diese Felsenhöhle mit Strandblick auf die Praia do Pintadinho nahe der Mündung des Arade.*

***Unten:***
*Hier fühlen sich Urlauber in Albufeira wohl: direkt in Nachbarschaft des Zentrums an der Praia dos Pescadores.*

*Seite 10/11:*
*Im Alentejo, nördlich der Algarve-Region, schlummern nette Orte wie Monsaraz vor sich hin.*

*In der Abenddämmerung hat man einen besonders schönen Blick auf den historischen Ortskern.*

# Inhalt

CAFE RESTAURANTE
LUMUMBA
CASA D. ANTONIA
75 m
RESTAURANTE
CASA MODESTA
COZINHA REGIONAL
A 50 m
D. NUNO
RESTAURANTE

# Willkommen an der Algarve!

*An der Praia da Marinha in der Nähe der Kleinstadt Carvoeiro macht die Fels-Algarve ihrem Namen alle Ehre.*

Welch ein Standgewimmel, was für fantastische Auslagen! So zumindest dürften es jene empfinden, die keine Fischgeruchsallergie haben. Der Markt von Olhão ist im Südwesten Europas eine der besten Anlaufstationen für Fisch und Krustentiere, ein Aushängeschild der gesamten Region. Da gibt es Makrelen und Sardinen zuhauf, Seeaale, Seehechte, Schwertfische, kleine Haie, Entenmuscheln. Draußen, an der fischfreien Luft, setzt sich das bunte Treiben fort, vor allem samstags morgens mit Obst- und Gemüseständen, die unterstreichen, welch großer, sagenhaft fruchtbarer Garten die Algarve ist. In der Nachbarhalle des 1912 bis 1916 erbauten Marktdoppels, das mit seinen Backsteinwänden und haubenartig aufragenden Seitentürmen auch architektonisch seinen Reiz hat, gibt es Salz, Chilipaste, eingelegte Oliven aus Plastikeimern, Feigensterne mit Mandeln, alles aus lokaler Produktion.
Unschlagbar wie die Frische und das Preisniveau ist in den Markthallen die Atmosphäre. Und rundherum tummeln sich nicht nur Besucher, sondern kehren in winzigen Kneipen und Cafés auch die Fischer zum Frühstück ein: auf einen Kaffee, einen Erdbeerbaumschnaps, ein Bifana-Schweinefleisch-Sandwich frisch von der Grillplatte. Die Algarve bringt einen überall auf den Geschmack.

**3000 Sonnenstunden pro Jahr**

Wer die Algarve bereist, folgt dem Lockruf des portugiesischen Südens in eine der beliebtesten Ferienlandschaften Europas: Traumstrände. 3000 Sonnenstunden pro Jahr. Glasklares Wasser. Kristallklares Licht, das über Wellentäler und Dünen flutet und Klippen in rostroten Zauber taucht. Eher gewöhnungsbedürftig ist die Wassertemperatur des Atlantiks, die mit der „Badewanne Mittelmeer" nicht konkurrieren kann und allseits für Abkühlung bürgt.
Die Algarve rühmt sich als Ziel des ewigen Frühlings, das gleichermaßen in der Nebensaison attraktiv ist und durchfrorene Mitteleuropäer zum Überwintern animiert. Im Vergleich zum

Hochbetrieb im Sommer präsentieren sich viele Strände und Buchten zwischen Herbst und Frühling regelrecht jungfräulich. Während Strandweiten bei Albufeira und Lagos wie auf dem Präsentiertablett daliegen, sind viele kleinere Strände nur über verästelte Stichsträßchen zu erreichen, was einige Anfahrtsmühen voraussetzt. Umso schöner ist der Lohn im wohligen Abseits.

## Überbordende Natur

Blumen, Kultur- und Wildpflanzen setzen allerorten Farbakzente. Bougainvilleen, Mittagsblumenwiesen, Wacholder, Zitronen- und Mandarinenbäume, Heidekrautgewächse, Mimosen, Zwergpalmen, Iris, Orchideen. Es duftet nach Kiefern und Thymian. Im Frühjahr stehen die Blütenmeere in bester Strahlkraft. Bereits der deutsche Botaniker Moritz Willkomm (1821–1895) berauschte sich in seinen 1847 publizierten Reiseerinnerungen „Zwei Jahre in Spanien und Portugal" an der exotischen Natur der Algarve, die er „Algarbien" nannte (obgleich nicht unbedingt an den Menschen): „Obwohl der ganze Küstenstrich Algarbiens aus bloßem Sande besteht, so ist er doch durch den unermüdlichen Fleiß seiner sonst wenig zivilisierten Bewohner vermittelst künstlicher Bewässerung, sei es durch Graben unzähliger Brunnen, sei es durch sorgfältige Benutzung der Küstenflüsse, in einen prachtvollen Garten verwandelt worden, dessen brillantesten Punkt die Umgebungen von Tavira bilden. Wahre Wälder alter Oliven und breitästiger reichbelaubter Johannisbrotbäume, welche auch die Vorberge des algarbischen Gebirgs fast gänzlich bedecken, wechseln mit großen Plantagen von Feigen- und Orangenbäumen, mit Weingärten und Gemüseland ab; die Niederungen zeigen sich von hellgrünen Weizensaaten erfüllt, die von Maulbeer- und Mandelbäumen oder den Agave- und Kaktushecken umgeben sind; kein Fleckchen ist unbebaut und das ganze Land, aus dessen immergrünem Fruchtwalde hier und da eine hohe Palme ihre zartgefiederte Blätterkrone emporhebt, wimmelt von Gehöften und freundlichen Ortschaften, deren gutgebaute Häuser den Wohlstand ihrer Bevölkerung bezeugen."
Wirtschaftliche Bedeutung haben bis heute Orangenplantagen und auch Weintrauben, Mandeln und Feigen. Und Korkeichen für die Korkproduktion.

## Kleine Lektion in Geografie

Die Unterteilung der Algarve in ihre landschaftlichen Großräume ist denkbar einfach. Im Osten dominieren die langen Strände der flachen Sandalgarve (Sotavento) das Bild, so wie zwischen der Mündung des spanisch-portugiesischen

Grenzflusses Guadiana und dem Ferienort Monte Gordo. Was weiter westwärts folgt, ist das Kanal- und Insellabyrinth des Parque Natural da Ria Formosa.
Einen Einschnitt im Mittelteil der Küste setzt die Regionalhauptstadt Faro, in deren Nordwesten die zerklüftete Felsalgarve (Barlavento) beginnt. Dort liegt das größte Konzentrat an Hotels, türmen sich landschaftliche Küstenhighlights wie die Ponta da Piedade bei Lagos auf. In der Feriengemeinde Albufeira begrenzen rostrote Felswände über Kilometer hinweg das Sandband der Praia da Falésia – ein Traum.
Im äußersten Westen führt die Straße auf das Kap São Vicente zu, über dem sich ein Leuchtturm erhebt. Tief unten schäumen die Wellen, in der Ferne ziehen Jachten vorbei. Oft stürmt es, die Klippen sind messerscharf. Die ungesicherten Abstürze zu unterschätzen, kann zum Verhängnis werden. Eine kleine Bodentafel erinnert an den tödlichen Unglücksfall eines Deutschen und mahnt: „Zur Warnung an alle, die sich hier nicht auskennen."
Über die Kapszenerie schrieb Moritz Willkomm Mitte des 19. Jahrhunderts so, als wäre es heute: „Diese südwestlichste Spitze Europas springt in Gestalt einer langen schmalen Landzunge weit in den Ozean vor und ist rings von senkrechten Sandsteinwänden von beträchtlicher Höhe umgeben. (...) Die See brandet hier fast fortwährend furchtbar; durch das Fernrohr konnte man deutlich erkennen, dass der Schaum der Brandung, welche einen silberweißen Gürtel um die rotgelben Klippen schlang, häufig bis an den obern Rand des Kaps emporspritzte."
Nächstgelegener Ort zum Kap ist Sagres, wo sich Festungsanlagen über ein schroffes Hochplateau ziehen, das in den Atlantik hineinragt. Obgleich die Bausubstanz spärlich ausfällt, kommt der Burg historischer Glanz zu. Prinz Heinrich der Seefahrer (1394–1460) legte mit der Nautikschule von Sagres den Grundstein zum Aufstieg der Seemacht Portugal. So will es die Mixtur aus Geschichte und Legende. Nördlich des Kaps São Vicente beginnt die Costa Vicentina, ein raues Küstenstück mit Klippen und Surferstränden und besten Revieren fürs Beach Walking.
Im Hinterland der Felsalgarve von Portimão erreicht die Serra de Monchique mit dem Picota (774 Meter) und dem Fóia (902 Meter) ihre höchsten Gipfel. Auf dem Weg hinauf von der Küste liegt der Thermalkomplex Caldas de Monchique; die bikarbonat-, natrium- und fluorithaltigen Wasser wurden bereits von den Römern genutzt. Zum erfrischenden Grün des Gebirges zählen Erdbeerbäume, die den Grundstock für einen bekömmlichen Hochprozentler (Aguardente de Medronho) liefern.

*Bei den Ansichten von Ferragudo ist der Rio Arade vielerorts zugegen Die Kleinstadt entwickelte sich aus einem alten Fischerdorf.*

Nördlich der Algarve schließt sich der Alentejo an, eine historische Provinz, die gerne als „Portugals verborgener Schatz" tituliert wird. Hügel wellen sich dahin, Weiten bestimmen das Bild. Mittendrin: Gutshöfe, kalkweiße Dörfer, Wehrtürme, Korkeichen, Olivenbäume, friedlich grasende Stiere. Fixpunkt ist das zum Weltkulturerbe erhobene Évora, wo sich schon die alten Römer wohlfühlten.

### Viele gute Gründe für eine Reise

Es gibt viele gute Gründe für eine Reise an die Algarve: Wassersport in allen Facetten. Bootsausflüge, darunter zur Insel Culatra, auf der noch heute eine große Fischergemeinschaft lebt. Unterkunft in Spitzenhotels wie dem „Anantara" bei Vilamoura und dem „Tivoli Carvoeiro" bei Carvoeiro, die kaum Wünsche offenlassen. Ausgehfreuden, bei denen es deutlich ruhiger zugeht als im nahen Spanien. Zahlreiche Golfplätze, die das ganze Jahr über bespielbar sind. Wandern an der Küste oder im Inland auf der Via Algarviana, einem beliebten Fernwanderweg. Volksfeste wie die Mittelaltertage in der zweiten Augusthälfte in Castro Marim. Birdwatching, bei dem man Flamingos, Störche und vielerlei mehr ausmacht. Familien mit Kindern lieben das internationale Sandskulpturen-Festival, das beim Inlandsort Pêra alljährlich zwischen März und Herbst terminiert ist. Auf Basis von unzähligen Tonnen Sand entstehen hier vergängliche Kunstwerke; die Thematik variiert von Jahr zu Jahr. Überall gegenwärtig ist die Verschmelzung von Natur und Kultur. Höhepunkte unter den Bauzeugnissen sind die Burgen von Silves und Castro Marim, die Kathedrale von Faro. Und Kirchen ...

### Sakrale Schätze

Dass ganz besondere Kirchen den Besuch lohnen, weiß nicht jeder, der hier den Urlaub verbringt. Im Stadtherzen von Loulé scheint sich das Kirchlein Nossa Senhora da Conceição regelrecht zu tarnen. Unscheinbar fügt sich das Gotteshaus in eine Fassadenreihe, beidseits stoßen gewöhnliche Häuser an. Der Eingang ins Innere wirkt abweisend düster, doch dann wird es hell. Schlagartig glänzt der Widerschein des mit Blattgold überzogenen Hochaltars auf, stürzt ein Kosmos aus Engels- und Heiligenfiguren auf die Betrachter ein. Die Namensgeberin, „Unsere liebe Frau der unbefleckten

Empfängnis", erhebt sich zentral in einem eleganten Gewand über drei Engelsköpfen. Ihre Wangen leuchten rot, aus den Augen sprechen Güte und Zuversicht. Damit nicht genug der Pracht in dem einschiffigen Kirchenjuwel. Über die Wände ziehen sich vom Boden bis zur Decke blauweiße Schmuckkacheln, die für ganz Portugal typischen Azulejos, die auch in anderen Sakralbauten zur Geltung kommen. Hier setzen sie sich in Großformaten zu figürlichen Motiven zusammen: Marias Geburt. Ihr Bund mit Josef. Die Verkündigung. So weit, so gewöhnlich, mag man meinen. Doch Alda Gonçalves, die als Wachdame und Führerin in Personalunion fungiert, stellt eine Besonderheit heraus. „Diese Szene sieht man ganz selten", sagt sie und deutet auf den Moment der Beschneidung Christi. Dann folgt man ihrem Blick zu den obersten Teilen des barocken Hochaltars, wo ein Engel die Sonne und ein zweiter den Mond hält. „Maria ist stark wie die Sonne und schön wie der Mond", unterstreicht die freundliche Alda die Bedeutung.

In einer Traditionsregion der Fischer und Bauern, wie sie die Algarve einst war und in Teilen immer noch ist, hat die Marienverehrung stets eine wichtige Rolle gespielt. Die schönste Küstenkapelle, westlich von Armação de Pêra hoch auf einem Klippenvorsprung gelegen, ist der „Lieben Frau vom Fels" geweiht, Senhora da Rocha. Die Geschichte des gedrungenen, leuchthellen Bauwerks reicht bis ins 16. Jahrhundert zurück. Den säulengestützten Vorraum zieren Azulejos, Gläubige haben Gebinde aus Kunstblumen hinterlassen. Durch die Glasfront schaut man auf die Marienskulptur mit dem Kind; beide tragen silberne Kronen.

Ein Sonderfall unter den Marienzielen ist das Santuário Nossa Senhora da Piedade, „Unsere liebe Frau des Erbarmens", – denn das Heiligtum auf einem Hügel außerhalb von Loulé gibt es doppelt. Futuristisch, wie ein gelandetes Ufo, wirkt die moderne, überkuppelte Kirche, die ihre Fertigstellung Mitte der 1990er-Jahre erlebte. Dagegen kommt die benachbarte alte Kapelle bescheiden daher und bewahrt mit ihren schlichten Gemälden und Azulejos eine authentische Aura. In beiden Bauten zieht ein Bildnis der Schmerzensmutter die Blicke wie magnetisch an. Kurios ist das separate Kerzenhaus auf dem Gelände, ein Raum, in dem warme, dicke Luft wabert. Die Kerzen tropfen in Wasserbecken ab, die Wände sind teils geschwärzt.

Zeugnis der Marienverehrung in der Oberstadt von Tavira ist die Kirche Santa Maria do Castelo. Nach der Rückeroberung aus maurischer Hand im Spätmittelalter wurde sie mutmaßlich über den Resten der Hauptmoschee errichtet. 51 Stufen führen auf den Glockenturm, der die Fern-

*Schönes Fleckchen in Portimão: dieser Aussichtsplatz über der Praia da Rocha. Im Hafen des Urlaubsortes am Rio Arade legen regelmäßig Kreuzfahrtschiffe an.*

sicht über die Kanallandschaft des Naturparks Ria Formosa hinweg aufs offene Meer erlaubt. Etwas unterhalb der Marienkirche öffnet sich die Igreja da Misericórdia als eines der schönsten Renaissancebauwerke in Südportugal. Prägnant ist einmal mehr die Auskleidung mit Azulejos; die szenischen Bilderfolgen drehen sich um die christliche Barmherzigkeit. Weiterer Höhepunkt ist das vergoldete Holzschnitzwerk des Hochaltars.
Die Suche nach den schönsten Kirchen der Algarve bringt zwei Heilige ins Spiel. Sankt Antonius von Padua ist in Lagos die Igreja de Santo António geweiht, die mit ihrer Barockpracht regelrecht erschlägt; Ölgemälde von Joaquim Rasquinho zeigen Szenen aus dem mirakelhaften Wirken des Heiligen, der einmal einem Mann einen amputierten Fuß erfolgreich wieder ansetzte.
Bei Almancil ist die Reihe an Sankt Laurentius: im Kirchlein São Lourenço mit einer Sturzflut aus Azulejos. Mutmaßlich mit einem Ursprung als schlichte Kapelle im Mittelalter, sollen es im 18. Jahrhundert Grafen aus Nordportugal gewesen sein, die in der Gegend als Jagdgäste weilten und die Ausschmückung des Kircheninnern mit Kacheln und Fliesen veranlassten. Das Resultat überwältigt bis heute, es ist ein kunsthistorisches Highlight in ganz Portugal.

### Letzte Ruheplätze dieser und jener Art

Ein portugiesischer Friedhof gehört wahrscheinlich nicht unbedingt auf den Besuchsplan – ist aber durchaus interessant und aufschlussreich. Im idyllischen Dörfchen Cacela Velha, das hoch über der östlichen Lagunenlandschaft des Naturparks Ria Formosa thront, führt der Weg abseits der Gassen mit ihren Bougainvilleen, Zitronenbäumchen und Häusern mit schmuckvollen Kaminen auf den Gottesacker. Hier setzt sich die Kluft zwischen Reich und Arm vom Dies- bis ins Jenseits fort, hier trifft das portugiesische Sprichwort „Der Tod macht uns gleich im Grabe und ungleich in der Ewigkeit" gerade nicht zu. Die Gleichheit aller beschränkt sich eher auf den Moment des Ablebens an sich, die Ungleichheit fängt bereits mit der Grabwahl an, der Vorstufe der Ewigkeit. Die Billigvariante sind Etagengräber, die Luxusversionen Mausoleen. Kleine Appartements versus stattliche Häuser, wenn man so will. Kurzum: Gesellschaftliche Unterschiede wie im richtigen Leben.

*In Arrifana weht ein anderer Wind, hier zeigt sich der Atlantik manchmal von seiner wildesten Seite. Der Strand im Costa-Vicentina-Naturpark ist ein beliebtes Ziel von Surfern.*

Die Einschubfächer der Etagengräber sind in Riesenblocks gefasst, vorfabrizierte Megabetonkästen. In fünf Ebenen übereinander sind die Einschubfächer in den uniformen Gebilden angeordnet. Neben den eingravierten Namen sehe ich Plakettenovale mit verblassten Fotos von Verblichenen, Kunstblumen, Kerzen, winzige Madonnenskulpturen. Ein kleiner, gewöhnungsbedürftiger Grusel stellt sich an den Prunkmausoleen ein, wo ich durch Glasscheiben unvermittelt auf Särge schaue, die ihrerseits mit Spitzendeckchen abgedeckt sind. Ein seltsam gespenstischer Anblick, der zum Schnüffeltest verleitet. Ein Rüchlein hängt zum Glück nicht in der Luft.

Freiblicke auf Särge in Mausoleen sind mir aus meiner deutschen Urheimat unbekannt. Beim Umgang mit Tod und Trauer legen Portugiesen generell, so scheint es mir, eine andere Messlatte an. In dieses Bild passt eine Beobachtung, die Moritz Willkomm 1847 aus São Bartolomeu de Messines, einem Städtchen im fernen Hinterland der Algarveküste, schilderte: „Hier ward mir ein seltsames Schauspiel. Es wurde nämlich gerade ein Gestorbener bestattet und ich begegnete dem Zuge auf dem Platze des Fleckens. Plötzlich mochten die Träger des Sarges, welcher offen stand und in dem die Leiche bloß in ein Leinwandtuch gehüllt lag, Durst bekommen, setzten die Bahre mitten auf den Markt, ließen den singenden und betenden Klerus laufen, wohin er wollte, und traten in die benachbarte Estalagem [Anm.: Gasthaus], um ein Glas Wein zu trinken und eine Zigarre zu rauchen."

Eine Steigerung der makaberen Ansichten beschert der Typus der Knochenkapelle, Capela dos Ossos, wie er in Faro zur Igreja do Carmo gehört. Solch eine historische Kapelle ist nichts für Genießer oder Besucher mit schwachem Nervenkostüm. Hier tritt man ein in ein Dämmerdunkel, in dem sich die Wand- und Deckenzier aus Riesenmengen menschlicher Knochen und Totenschädel zusammensetzt. Die Reste sind kunstvoll drapiert und angeordnet, formen befremdliche Mosaike und Muster. Doch dahinter steht ein erstaunliches Konzept: die eigene Vergänglichkeit zu reflektieren.

Zum Schluss dieses Exkurses ungewöhnlicher Ziele empfehle ich einen Friedhof ganz ohne Gräber, ohne Gänsehaut, ohne Knochen. Dazu

müssen Sie in der Nähe des Ortes Santa Luzia, der für seine Oktopusfänge bekannt ist, über einen Damm auf den Mittelteil der Insel Tavira gehen. In den Dünen hinter der Praia do Barril erwartet Sie der Cemitério das Âncoras, der „Friedhof der Anker". Hier haben zahlreiche Anker von Fischerbooten ihre letzte Ruhe im Sand gefunden, was als Hommage an die Epoche des Tunfischfangs an der Algarve zu verstehen ist.

**Ein kerniger Typ namens Nicolau**

Die Algarve ist Heimat von vielen freundlichen Menschen. Und von echten, kernigen Naturtypen. So wie Nicolau da Costa. Naturguide, Entenmuschelsammler, Lebenskünstler, geboren in den Siebzigerjahren, als Portugal nach zehrenden Jahrzehnten der Diktatur den Weg in die Zukunft einschlug. Nicolau stammt aus Raposeira und lässt mich beim Blättern in den Bildern seiner Kindheit ein wenig teilhaben. „Wir haben zuhause erst Strom bekommen, als ich sechs war", erinnert er sich. Damals seien überall Eselskarren als Hauptfortbewegungsmittel unterwegs gewesen, und wenn ein Auto auftauchte, sei man als Kind gleich dahin gelaufen. Für einen Jungen wie ihn sei es seinerzeit selbstverständlich gewesen, Kühe und Ziegen in freier Wildbahn zu hüten. „Insofern war alles hier rundherum in der Natur unser Spielplatz, unser Garten der Kindheit", sagt Nicolau und beschreibt mit dem Arm einen weiten Bogen, während wir bei Bordeira auf Wandertour durch den Parque Natural do Sudoeste Alentejano e Costa Vicentina gehen, einen traumhaften Naturpark.
Nicolau erklärt meterhohe Pfahlrohrgewächse, die immer neben Wasserläufen wachsen, und betörend duftende Lackzistrosen. Die Blätter glitzern im Licht. Ein Dorn im Auge sind ihm andernorts Eukalyptushaine. Während der unseligen Diktatur von António de Oliveira Salazar, in den 1960er-Jahren, sei Eukalyptus eingeführt worden, der rasend schnell wächst und den Boden auslaugt. Dahinter habe der kurzsichtige Gedanke des raschen Profits für die Zelluloseverarbeitung gestanden. „Weißt du, dass Portugal niemals eine richtige Industrielle Revolution erlebt hat?", fragt Nicolau plötzlich unterwegs. „Das ging bei uns einfach in wenigen Jahrzehnten: vom Mittelalter bis zum iPhone." Dann sinniert er über das große Potenzial des Ökotourismus, das sich behutsam nutzen und ausbauen ließe. Weg von eingefahrenen Sonne-, Strand- und Golfklischees. „Golf haben wir an der Algarve längst genug", befindet Nicolau. Er denkt an andere Projekte, an Kombi-Programme. Wandern, Naturentdeckungen, dazu Yoga zum Beispiel.

*Unterkünfte wie Pedras d'el Rei in der Nähe von Tavira sind ideale Stützpunkte, um den Ostteil der Algarve und insbesondere den Parque Natural da Ria Formosa zu entdecken.*

Professionell führt Nicolau nicht nur durch die Natur, er sammelt auch Entenmuscheln, Percebes. Rare, teure Delikatessen für Feinschmecker. Er ist als Entenmuschelsammler, Percebeiro, offiziell registriert. Percebes aufzuspüren und zu ernten, birgt höchste Gefahren und hat schon Menschenleben gekostet. Nicolau sieht es als Herausforderung. Der Job habe gleichermaßen mit Alpinismus wie mit Wassersport zu tun. Entenmuscheln wachsen in den unwegsamsten Gegenden: in den Tiefen der Klippen, an denen sich der Atlantik bricht. Gerade die Schnittstellen zwischen See und Land seien die besten, weiß er. Was bedeutet, dass sich Nicolau manchmal bis zu einhundert Meter tief abseilen muss, um die Krebstiere zu erreichen. Dann macht er sich mit einem archaischen Klingenwerkzeug, das eigentlich aus der Landwirtschaft stammt, an den Klippen zu schaffen: einer Arrilhada, einem Holzstock mit einem metallenen Schaber als Fortsatz. Weiteres Utensil ist sein Beutenetz, das er sich um den Körper bindet und ein Fassungsvermögen von fünf Kilogramm hat. Statt über Abseilaktionen nähert sich Nicolau seinen Objekten der Begierde auch mal per Bodyboard und Schwimmflossen. „Du darfst keinen Fehler machen", umreißt Nicolau seine Knochenarbeit als Entenmuschelsammler. Jeder Handgriff, jede Körperbewegung muss sitzen. Doch das Gefühl der Freiheit, das er dort trotz aller Risiken spüre, würde er um nichts in der Welt eintauschen. „Das Meer, das ist der Herr, der bestimmt. Auch über mich", sagt er.

***Seite 22/23:***
*Dieser Weg lohnt sich: zum Cabo Sardão mit seinem Leuchtturm auf den beeindruckenden Felsklippen. Hier hat man sich weit wegbewegt von den Touristenzentren der Algarve.*

***Seite 24/25:***
*Einfach entspannen und die Aussicht genießen: in diesem Bistro in Lagos mit Blick auf die Hafeneinfahrt. Schon die Phönizier und Griechen fühlten sich an der Bucht wohl.*

MAR
SALADAS / SALADS
BURGERS
OMELETES / OMELETTES
CAFETARIA HOT DRINKS
ÁGUAS E REFRIGERANTES
WATERS & SOFT DRINKS

# Im Osten: die Sandalgarve

*Im Rausch der Farben: das typische Himmelsblau über Häusern und üppig blühenden Bougainvilleen in Castro Marim.*

Er ließ sich von spanischen Fischern über den Grenzfluss Guadiana rudern und sah bei der Anlandung auf portugiesischer Seite „eine Anzahl brauner zerlumpter Kerle". In Vila Real de Santo António fielen ihm weiß angestrichene, symmetrisch aufgereihte Häuser auf, aber auch die „schmutzigen Gassen" außerhalb des Kerns. Und im nahen Monte Gordo, dem „Hauptpunkt der Sardinenfischerei an der algarbischen Küste", stachen ihm „die elenden Rohrhütten des Fischerdorfes" ins Auge. Generell, bemerkte er, kämen „wenig Ausländer, höchstens spanische und englische Seeleute nach Algarbien".

Die Rede ist hier von dem deutschen Botaniker Moritz Willkomm (1821–1895), der auf Reise ging und in seinem 1847 erschienenen Werk „Zwei Jahre in Spanien und Portugal" all seine ungetrübten Beobachtungen einfließen ließ. Seither hat sich viel getan an der Algarve. Über den Guadiana spannt sich längst eine riesige Autobahnbrücke, die Bilder und Menschen sind gepflegt und Ortschaften wie Monte Gordo zu Fixpunkten sonnenhungriger Touristen erwachsen. Grundkapital sind die langen Strände, wie man sie um Manta Rota findet und die der Sandalgarve zu ihrem Namen verholfen haben.

Das Städtchen Tavira punktet mit einer freundlichen kleinen Altstadt samt Kirchen und Kastellresten, der Flusspromenade am Rio Gilão und der Möglichkeit, bei Schiffstouren in die nahe Lagunenlandschaft im Ostteil des Naturparks Ria Formosa einzutauchen. Boote bringen Ausflügler auch auf die Ilha de Tavira, eine flache Strand- und Düneninsel mit Mimosen und Kiefern. Unter Naturschutz stehen überdies die Feuchtgebiete und Salinen um den Burgort Castro Marim, wo Flamingos und andere Vögel ihre Lebensräume finden.

**Rechts:**
*Hafenpromenade am Rio Guadiana, dem Grenzfluss zu Spanien, in Vila Real de Santo António. In nur fünf Monaten ließ der Marquês de Pombal 1774 die Stadt anstelle eines durch ein Seebeben zerstörten Fischerdorfes errichten.*

**Unten:**
*Dreh- und Angelpunkt in Vila Real de Santo António ist der weite Platz Marquês de Pombal. Rundherum bieten sich viele Möglichkeiten zur Einkehr und zum Shoppen.*

**Oben:**
*Castro Marim ist ein Festungsort im Flachland westlich des Mündungsgebiets des Rio Guadiana. Die Burg stammt aus dem Mittelalter, hat jedoch eine wesentlich längere Geschichte. Aus dem 17. Jahrhundert stammt außerdem das Fort São Sebastião.*

**Links:**
*Castro Marim pflegt eine ruhige Stimmung und sein monumentales Erbe, hier eine der beiden Festungen und die weiß-blaue Kirche Nossa Senhora dos Mártires.*

***Links:***
*Der Naturpark Ria Formosa setzt mit seinen natürlichen Kanallandschaften ein echtes Ausrufezeichen. Insbesondere für Vögel ist das Lagunenschutzgebiet von großer Bedeutung.*

***Unten:***
*Dünen begrenzen diesen idyllischen Strand bei Monte Gordo im Kreis Vila Real de Santo António.*

***Ganz unten:***
*An der Praia Verde zwischen Manta Rota und Monte Gordo weht die portugiesische Flagge im Wind.*

**Rechts:**
*Eine von vielen und zudem eine der schönsten in der Kirchenstadt Tavira: die Igreja Santa Maria do Castelo. Sie wurde auf den Fundamenten einer Moschee errichtet.*

**Unten:**
*In Tavira locken diverse Straßencafés zur entspannten Einkehr am Fluss Gilão.*

***Oben:***
*Eine schöne Unternehmung in Tavira ist der Bummel entlang der Flussufer. Der siebenbogige Flussübergang wird Römerbrücke genannt, stammt aber aus dem Jahr 1655 und wurde nach einem Erdbeben 1870 wieder aufgebaut.*

***Links:***
*Tavira bezaubert mit seiner Stimmung. Dazu gehören auch Altstadthäuser mit den typischen Farbakzenten der Bougainvilleen.*

# Gefiederte Schätze der Natur

Einfach sagenhaft, was Südportugals Natur an Schätzen und Facetten aufbietet! Messerscharfe Klippen um das Kap São Vicente. Felsformationen bei Lagos. Salinen bei Castro Marim. Die Flussmündung des Guadiana. Das grüne Gebirge der Serra de Monchique. Inseln und Kanäle im Naturschutzgebiet Ria Formosa. Und immer wieder andere Feuchtgebiete, Seen, Sümpfe. Wer mag, zieht mit einem Naturprofi los …

### Unterwegs mit dem Birdwatcher

„Für Vogelbeobachter ist die Algarve ein Paradies in Europa", betont João Ministro, der über seine Agentur in Loulé überallhin Ausflüge anbietet: Kombitouren mit dem Fahrzeug und zu Fuß, auf der Suche nach möglichst vielen Vögeln. Der ausgebildete Umweltingenieur ist seit seinen Studentenzeiten passionierter Vogelbeobachter, heute sein Hauptberuf. Was er mit seinen ultrageschärften Sinnen in der Natur alles entdeckt, erscheint mir unglaublich. Die Algarve sei zwar vergleichsweise klein, doch die Vielfalt der Landschaften kommt laut João auch dem Birdwatching zugute: „Du kannst am Morgen in den Bergen sein, in Korkeichen-

wäldern. Und am Nachmittag startest du an der Küste oder in den Wetlands eine Bootstour und bekommst vollkommen andere Eindrücke."
Für die besten Beobachtungsmonate hält er März bis Mai sowie September und Oktober, vor allem wegen der Zugvögel. Den Sommer würde er tendenziell ausklammern, dann sei es zu heiß, dann müsse man ohnehin sehr früh morgens los oder am Abend. In einem guten Jahr könne er bis zu 300 verschiedene Vogelarten sehen, sagt João, während er mich zum Cañizal de Vilamoura bringt, einer abgeschiedenen Gegend mit meterhohen Rohrgewächsen. Überall zwitschert es. Deutlich hört er den Gesang einer Nachtigall heraus. Dann zeigt er mir mit bloßem Auge Webervögel, die eigentlich aus Afrika kommen und ballenförmige Nester bauen. Im Winter verlieren die Männchen ihr prächtiges gelbes Federkleid.
Graureiher und Weißstörche, die gerade ihre Kreise ziehen, würdigt João kaum eines Blickes – dafür sind sie an der Algarve zu gewöhnlich. Interessanter erscheint ihm eine Rohrweihe, die er durch sein kapitales Fernglas sieht. Und was beeindruckt ihn immer wieder aufs Neue? Spektakulär seien natürlich Adler und Flamingos, doch er liebe gleichermaßen kleine Singvögel. Der Nachteil kleinerer Vögel sei freilich, dass sie sich die ganze Zeit bewegen, sagt er auch aus Fotografensicht.

### Bedrohungen und Beobachtungsbeute

Früher, erzählt João, sei diese Gegend hier bei Vilamoura bedroht gewesen. Große Resorts standen im Raum, doch Naturschützer machten Front gegen die Pläne. Derlei Bedrohung kennt man andernorts an der Algarve auch von der Lagoa dos Salgados, einem Lebensraum von Flamingos, die allerdings gewöhnlich wegfliegen, um im Sommer in Südspanien oder Südfrankreich zu brüten.
Unsere nächste Station ist ein Brackwassersee nahe dem Strand von Loulé Velho, doch das Sichtungsresultat mit Kolben- und Tafelenten und einer Zwergdommel eher dürftig. Spannender wird's wieder nahe Quinta do Lago mit Feuchtgebieten wie der Lagoa de São Lourenço, wo sich kleine Wasserschildkröten tummeln und ein Purpurhuhn am Ufergesträuch entlangstakst. In den 1970er-Jahren, erzählt João, waren Purpurhühner fast ausgestorben in Portugal. Mittlerweile habe sich die Population erholt.
Unsere Beobachtungsbeute wird zahlreicher: Haubentaucher. Löffler. Ein Seidenreiher. Ein Kormoran. „Kormorane können Fischfarmen regelrecht räubern", erläutert João. Der weitere Weg in Richtung der Salzpfannengebiete führt vorbei an buschigen Pinien, Mittagsblumen, Zistrosen, Disteln, Lavendel, Fenchel. In den Salinen machen wir Stelzenläufer aus, Rotschenkel, Alpenstrandläufer. Gefiedertes Bonusmaterial gibt's beim Rückweg zum Wagen: ein Wiedehopf auf einer Wiese.
Vor lauter Begeisterung für die Natur hat João die Zeit vergessen. Erschreckt schaut er auf die Uhr. Eigentlich wollte er heute, am Sonntag, rechtzeitig beim Mittagessen sein. Kurzer Anruf mit Entschuldigung. Die Dame am anderen Ende der Leitung scheint's gewohnt zu sein.

***Links:***
*Wo sich Natur und Wirtschaftsinteressen harmonisch vermischen – Salinen bei Castro Marim.*

***Oben:***
*Eine Wildromantik, die aber auch nach Vorsicht verlangt: Szenerie um das Cabo de São Vicente.*

***Kleine Bilder rechts, von oben nach unten:*** *Der höchste Punkt der Algarve ist der 902 Meter hohe Berg Fóia, von dem aus man auch die Küste im Blick hat.*

*Im Naturpark Ria Formosa kann man nicht nur Möwen beobachten.*

*Starke Farben unter Olivenbäumen: blühende Frühlingswiese im Alentejo.*

*Ein Löffelreiher (Platalea leucorodia) oder Löffler auf Futtersuche bei Alvor (rechts).*

*Dieser Fischreiher hat bereits Beute bei Alvor gemacht (ganz rechts).*

***Oben:***
*Im Naturpark Ria Formosa ist die Vogelwelt faszinierend, der Bootsverkehr stört da kaum.*

***Rechts:***
*Im Ort Farol auf der Insel Culatra lässt es sich in diesem idyllisch zugewucherten Ferienhäuschen sicher gut aushalten.*

***Links:***
*Da möchte man gleich hin – eine von vielen Strandbars der Algarve – hier besonders schön im Parque Natural da Ria Formosa.*

***Unten:***
*Der Leuchtturm von Farol auf der Ilha da Culatra weist Fischern bis heute den Weg. Erbaut Mitte des 19. Jahrhunderts erreicht er fast 50 Meter.*

***Links:***
*Santa Luzia bei Tavira ist bekannt für seine Oktopusfänge und lädt zu einem Bummel an der palmenbegrenzten Wasserfront ein.*

***Unten:***
*Boote im Hafen von Santa Luzia. Seit 1577 ist der Fischerort belegt.*

***Ganz unten:***
*Gezeitenabhängig ist der Lagunenhafen von Santa Luzia, hier eine Ansicht bei Ebbe.*

***Rechts:***
*Olhão ist nicht nur für seine Markthallen bekannt, sondern auch für seine kubenförmigen Häuser im historischen Ortskern.*

***Unten:***
*In und um Olhão ist vielerorts alles auf Fischfang und Muschelzucht ausgerichtet.*

***Oben:***
*Sakrales Erbe in Olhão: die barocke Igreja de Nossa Senhora do Rosário, geweiht der Jungfrau vom Rosenkranz.*

***Links:***
*Farbenprächtiges Passagierboot am Hafen von Olhão; von hier aus werden regelmäßig die Orte auf der Insel Culatra angesteuert.*

***Unten:***
*In der Algarve-Hauptstadt Faro erheben sich einige sehenswerte Kirchen, hier die Igreja do Carmo. Die Karmeliterkirche wurde im 18. Jahrhundert errichtet und beherbergt in ihrem Klostergarten die berühmte Capela dos Ossos (Knochenkapelle).*

***Ganz unten:***
*Orangenbäume vor dem Rathaus von Faro am Platz Largo da Sé. In der Altstadt finden sich hauptsächlich Gebäude aus dem 17. und 18. Jahrhundert.*

***Rechts:***
*Faro ist eine Entdeckung wert und lädt auch zum Bummeln ein. Die Haupteinkaufsstraße ist kunstvoll gepflastert und vor der südlichen Sonne geschützt.*

Vilanova
Vilanova
ATM

***Linke Seite:***
*Faro überzeugt mit dem Flair zwischen Hafen und Altstadt. Durch den 1812 errichteten Arco da Vila gelangt man hinter die Stadtmauer, wo einen nette Gassen erwarten.*

*Die Kathedrale von Faro, ein gedrungenes Bauwerk, dessen Ursprünge bis ins 13. Jahrhundert zurückreichen, liegt mitten in der Altstadt am Largo da Sé. Im Vordergrund die Statue des Bischofs Francisco Gomes de Avelar.*

*Beim Spaziergang durch Faro verlocken viele Plätzchen zur Pause und Essenseinkehr.*

# Auf den Spuren der Mauren in Al Gharb

Es war eine bereichernde Geschichte, die im 8. Jahrhundert begann. Die aus Nordafrika gekommenen Mauren fielen in Portugal ein, setzten sich fest und sollten an der Algarve einige hundert Jahre lang das Heft in der Hand halten. Die Region nannten sie Al Gharb, „der Westen". Gemeint war „der Westen" des islamischen Reiches, das sich weit über die Iberische Halbinsel erstreckte und gleichermaßen Spanien umfasste. Auch dort blieben die Mauren letztlich vorzugsweise im Süden: in Andalusien, Al Andalus.

## Die neue Kultur der einstigen Wüstenbewohner

Die neuen Fremdherrscher verzichteten auf blinde Zerstörungswut und eroberten Gebiete bis hin nach Lissabon; einzig vor den unzugänglichen Territorien des Nordens und Nordwestens schreckten sie zurück. Unter den dunkelhäutigen Fremdlingen entstanden Burgen, Koranschulen, Moscheen und märchenhafte Paläste, die sie mit hufeisenförmigen Bögen, hölzernen Kassettendecken, Steingitterfenstern und Schmuckkacheln versahen. Zur wirtschaftlichen Basis zählten Landwirtschaft und Textilverarbeitung. Sie kultivierten Feigen und Aprikosen, in den Manufakturen entstanden Keramik und kostbare Tuche. Die Handelsverbindungen reichten über den gesamten Mittelmeerraum und sogar darüber hinaus.
In den südlichen Gegenden Portugals setzten die einstigen Wüstenbewohner auf ausgefeilte Bewässerungstechniken und bewiesen eine Vorliebe für Gartenanlagen. Mit ihren wirtschaftlichen Fortschritten und als Förderer von Kultur und Wissenschaft stellten sie das christliche Abendland jener Epoche in den Schatten. Im Hinterland der Algarve-Küste verwandelten sie Silves in eine blühende Stadt, die im 11. Jahrhundert sogar Lissabon an Ausmaß und Bedeutung übertraf.
Zwischen den Muslimen und den Urbewohnern, also den Christen, ging es zeitweise sehr friedlich zu. Doch die Mauren selber waren keine geschlossene Einheit, sondern verstrickten sich im Laufe der Zeiten in eigene Machtkämpfe. Auf den Zerfall des mächtigen Kalifats im andalusischen Córdoba folgte die Ära der Kleinkönigreiche, bis zwei Dynastien auf den Plan traten: die Almoraviden und Almohaden. Gleichzeitig setzten die Christen nun alles daran, die Fremden zu vertreiben. Den mächtigen Ritterorden – und nicht nur diesen – war der Islam ein Dorn im Auge. Die Reconquista, die Gesamtbewegung der „Rückeroberung", wurde an der Algarve im Laufe des 13. Jahrhunderts abgeschlossen, also weitaus früher als in Südspanien. Dort sollten sich die Mauren in Granada noch bis 1492 an der Macht halten.

## Vielfältiges maurisches Erbe

Das Erbe der Mauren ist bis heute in Portugal und an der Algarve zugegen, und zwar auf unterschiedlichste Art. In der portugiesischen Sprache sind etwa 1200 Worte arabischer Herkunft, beispielsweise all das, was mit „Al" oder „Gua" beginnt: so wie die Algarve-Orte Aljezur und Alvor und der portugiesisch-spanische Grenzfluss Guadiana.
Materielle Erbstücke sind die Schmuckkacheln, Azulejos. Nicht nur an der Algarve, im ganzen Land zieren sie Kirchen- und Hausfassaden, Innenhöfe, Ruhebänke, Fensterumrahmungen. Und dass man sich angesichts kalkweißer Ortsbilder an der Algarve vielleicht in den Norden Afrikas versetzt fühlt, ist kein Zufall, sondern fußt ebenfalls auf den Mauren.
Das maurische Erbe belegen überdies die Burg von Silves und Kirchen, die auf umstrukturierten Moscheen basieren; ein Musterbeispiel gibt dahingehend die Igreja Matriz im Alentejo-Ort Mértola ab. Überdies können Kirchen auch innen wunderbar mit Azulejos verkleidet sein, so wie die Igreja da Misericórdia in Tavira und die Igreja de São Lourenço dos Matos am Ortsrand von Almancil.
Warum es so viele Mandeln gibt, erklärt eine Legende um einen Muselmanenfürsten aus Silves und seine Lieblingsfrau, die aus Nordeuropa stammte und den Schnee schmerzlich vermisste. Für sie ließ er im ganzen Reich Mandelbäume pflanzen. Und die wirkten zu Beginn eines jeden Jahres, wenn sie herrlich zu blühen anfingen, wie eine weiße Decke über der Landschaft, wie Weiten voller Schnee.

***Links:***
*Mit dem Feldherrn Tariq ibn Ziyad begann 711 die Eroberung der Iberischen Halbinsel durch die aus Nordafrika eingefallenen Mauren.*

***Oben:***
*Silves gelangte unter den Mauren zu größtem Ansehen, historisches Erbe ist die Burg.*

**Kleine Bilder rechts, von oben nach unten:** *Kalkweiße Ortsbilder, hier in Monsaraz, lehnen sich an maurische Vorläufer an.*

*Die Mauren waren die Erfinder der Schmuckkacheln (Azulejos), die später an Kirchen Einzug hielten (wie an und in der Igreja de São Lourenço dos Matos, Almancil).*

*Erst im Innern der Igreja Matriz in Mértola wird das maurische Erbe einer Moschee ersichtlich.*

*Mandelbäume – während der Blüte weiß wie Schnee.*

**Links:**
*Der historische Palast von Estói aus dem 18. Jahrhundert wurde restauriert und dient heute als Hotel der Pousadas-Kette.*

**Unten:**
*Kalkweiß vor tiefblauem Himmel erstrahlt die Pfarrkirche in São Brás de Alportel.*

**Ganz unten:**
*Hinter der eher bescheidenen Außenansicht der Kirche São Lourenço dos Matos in Almancil verbirgt sich fantastische Azulejos-Zier.*

**Seite 50/51:**
*Ein überwältigendes Interieur mit dem Goldglanz des Altarraums und dem Blau-Weiß der Azulejos: die Kirche São Lourenço dos Matos in Almancil.*

Incraticula te deum
non negaui.

***Oben:***
*Ein fotogenes Gewässer im Binnenland ist dieser Stausee, Barragem de Odeleite. Die Talsperre, die den Fluss Odeleite staut, wurde erst Ende des 20. Jahrhunderts errichtet.*

***Rechts:***
*Ein ungewöhnliches Open-Air-Exponat in São Brás de Alportel: die Replik eines Wasserflugzeugs, mit dem Sacadura Cabral und Gago Coutinho 1922 von Lissabon nach Rio de Janeiro flogen.*

***Oben:***
*Wunderbare Natur, Lebensraum vieler Vögel und eine Stegbrücke in Richtung Strand – Quinta do Lago.*

***Links:***
*Die Gegend von Quinta do Lago ist bekannt für die herrlich gepflegten grünen Golfplätze sowie Luxusvillen.*

***Oben:***
*Die neomaurische Markthalle von Loulé ist außen und innen ein Prunkstück.*

***Rechts:***
*Stände in der Markthalle von Loulé. Die ruhige Stimmung im Bild trügt, vor allem samstags herrscht reger Zulauf.*

**Links:**
*Das zinnenbesetzte Kastell mitten im Zentrum von Loulé datiert aus dem Mittelalter.*

**Unten:**
*Dieser Springbrunnen im Zentrum von Loulé verspricht vor allem im Sommer angenehme Kühle.*

# Mitte und Westen: die Hauptstadt Faro und die Felsalgarve

*Da werden Urlaubsträume wahr, da füllen sich die Speicherkarten von Fotografen: Die Praia da Marinha prunkt mit bizarren Felsformationen.*

Storchenschnäbelgeklapper. Altstadtgassen. Der Dom, die Marina. Faro, die größte Stadt der Algarve mit rund 50 000 Einwohnern und oft nur als Anflughafen ein Begriff, überrascht mit seinen Ansichten. Und die setzen sich hinter dem Flughafen auf der strandgesäumten Insel Faro und in den Weiten des Naturparks Ria Formosa fort.

Die Felsalgarve setzt unterschiedlichste Gesichter auf, die nicht einzig aus faszinierenden Küstenlandschaften bestehen. Das beginnt bereits im Hinterland von Faro mit der überbordend ausdekorierten Kirche São Lourenço, den Ruinen des Römerareals von Milreu und dem Städtchen Loulé mit einer der schönsten Markthallen in Südportugal. Klassiker am Atlantik sind der riesige Sporthafen von Vilamoura und der Strand Falésia in der Feriengemeinde Albufeira. Während die Hotel- und Villenzonen von Quinta do Lago ihren Chic pflegen, halten sich Strandorte wie Luz und Burgau in bescheidenem Rahmen. Beliebtes Standquartier ist auch Lagos, wo man zum Dolphin Watching oder zu Kurzausfahrten zu Klippen und Grotten um die Ponta da Piedade in See sticht. Die bizarren Felskulissen mit winzigen Buchten und Stränden um die Piedade-Landspitze sind Postkartenklassiker. Kulturzugaben Lagos' sind die Festung, die Kirche Santo António, das Museum an der Stelle des historischen Sklavenmarkts aus dem Spätmittelalter.

Im Hinterland geht es nach Silves, das von Orangenplantagen umgeben ist und im Kern von der alten Kathedrale und dem zinnenbesetzten Kastell beherrscht wird. Und hoch hinauf in die Serra de Monchique mit dem 902 Meter hohen Berg Fóia, dem Thron der Algarve. Den geografischen Abschluss im Westen setzt das wind- und seegepeitschte Kap São Vicente.

*Albufeira ist typisch und untypisch zugleich für die Algarve. Typisch mit seinen gemütlichen Gassen, untypisch mit dem oftmals herrschenden Rummel. Trotzdem findet man in der circa 2000-jährigen Stadt immer wieder ruhige Ecken voller Idylle.*

RESTAURANTE
THE BEACH BASKET

*Merke: Kein Strand ist wie der andere an der Algarve. Vergleichen Sie selbst: hier die Praia da Coelha (oben) oder die Praia São Rafael (rechts).*

*Welcher Strand ist nun schöner? Links die Praia da Coelha oder unten die Praia São Rafael – beide gehören zur Feriengemeinde Albufeira.*

**Links:**
*Sand und Felsgrotten drücken der Praia de Benagil in der Nähe des Ortes Carvoeiro ihren Stempel auf.*

**Unten:**
*Die Felshöhlen der Praia de Benagil: nur eines von vielen Highlights an der Algarve.*

**Ganz unten:**
*Beeindruckende Küstenszenerie findet man um die Praia de Albandeira bei Lagoa.*

*Ein Bummel durch Silves führt mit Sicherheit auch zum hübschen Rathaus des als älteste Stadt der Algarve geltenden Ortes.*

*In Silves spannt sich noch eine mittelalterliche Brücke mit beeindruckenden Rundbogen über den Fluss Arade.*

***Rechte Seite:***
*Dominiert wird das Ortsbild von Silves von der Alten Kathedrale und der Burg aus rotem Sandstein (Castelo dos Mouros).*

***Oben:***
*Carvoeiro und sein Strand – das sind feste touristische Größen. In früheren Zeiten tummelten sich gerne Piraten in der Bucht.*

***Rechts:***
*Alles andere als ein Geheimtipp, aber immer wieder schön: der Ortskern von Carvoeiro.*

***Oben:***
*Das faszinierende Küstengesicht um die Praia dos Carneiros. Die Felsen halten auch kühlere Winde ab.*

***Links:***
*Die Felssteilküste von Carvoeiro lässt sich, mit angemessener Vorsicht, auch erwandern. In den Fels geschlagene Stufen führen in die Buchten hinab.*

***Links:***
*Bekrönt von der Kirche stapeln sich die Häuser von Ferragudo den Hügel hinauf. Im Hintergrund: das Castelo de São João do Arade. Eigentlich ein altes Fischerdorf, ist der Ort heute nicht ganz unbeleckt von Besucherströmen.*

***Unten und ganz unten:***
*Ferragudo lädt zu Streifzügen durch seine Gassen ein. Hier sammelt man reizvolle und farbreiche Eindrücke: Seien es die bunten Akzente der Bougainvilleen (unten) oder die idyllischen Ansichten am Fluss Arade (ganz unten).*

# Prinz Heinrich der Seefahrer – zwischen Geschichte und Mythos

Der Name ist irreführend. Prinz Heinrich der Seefahrer (portugiesisch: Enrique O Navegador; 1394–1460) fuhr nicht zur See. Er bereitete jedoch den Boden für Portugals überseeische Entdeckungen und Eroberungen, die das kleine Land in den elitären Kreis der Weltmächte katapultieren sollten. Dabei kam der Algarve eine ganz besondere Stellung zu, denn dort war der Prinz ab 1419 Gouverneur und lebte lange Zeit vor Ort. Zudem fungierte er als Großmeister des Christusordens. Geld spielte keine Rolle, wenn es galt, die Rahmenbedingungen zu schaffen.

### Beginn der Entdeckungs- und Eroberungsära

Religiöse Anstöße im Kampf gegen den Islam und das Vordringen ins legendäre asiatische Reich von Johannes, dem Priesterkönig, waren das Eine. Doch auf einem anderen Blatt standen bei der Ära der Entdeckungs- und Eroberungsfahrten die wahren Weiten der Machtpolitik: die Gold-, Gewürz- und Seidenroute nach Indien zu finden, den Orienthandel in die Hand zu nehmen und arabische Kontrahenten auszubooten. Die möglichen Ausmaße mit ihrer weltumspannenden Wirkung mag im Spätmittelalter niemand überblickt haben. Auch Heinrich der Seefahrer nicht, obgleich er manchmal als Visionär seiner Zeit eingestuft wird. Dank seiner Stellungen mit dem nötigen Finanzpotenzial im Rücken, trat er als Förderer der Entdeckungsfahrten hervor und soll die berühmte Nautikschule von Sagres begründet haben. Diese bestand aus einer größeren Gruppe an Gelehrten, die er dort versammelte: Astronomen, Kartographen, Navigatoren, Schiffsbauer aus mehreren Ländern. Zudem, so heißt es, ließ Heinrich dezidiert alle erdenklichen Quellen auswerten, ob Briefe oder Chroniken früher Reisender.
Kritische Forscher halten das mit der Nautikschule auf der Festung von Sagres für eine mythische Verklärung weit weg von den Tatsachen. Aber es hat sich immer gut angehört, wie der Prinz und die Seinen auf dem Observatorium hoch über den Klippen zusammenfanden und an der Vorbereitung von Entdeckungsfahrten tüftelten. Dass diese sehr wohl gut organisiert wurden, steht außer Frage. Doch ob tatsächlich auf der Burg von Sagres und unter der Leitung Prinz Heinrichs, ist weder belegt noch widerlegt.
Fest steht, dass die Portugiesen zu Zeiten des Prinzen zu bahnbrechenden Expeditionen aufbrachen. Madeira und die Azoren machten die Anfänge. Danach ging's an der westafrikanischen Küste südwärts. Kein einfaches Unterfangen, denn hinter dem legendären Kap Bojador gab es Magnetberge und Seeungeheuer, so die kursierenden Schauergeschichten. Im wahren Seefahrerleben warteten Stürme, Strömungen, Riffe und Untiefen auf die Karavellen. Gil Eanes, dem in seiner Heimatstadt Lagos ein Denkmal gewidmet ist, stieß 1434 hinter das Kap Bojador vor. Ihm folgten andere Kapitäne wie Nuno Tristão und Dinis Dias. Die neuen Erfolge an den Küsten Afrikas waren mit dem Beginn des Sklavenhandels verknüpft, der im Algarve-Städtchen Lagos ab 1444 einen wichtigen Umschlagplatz fand.

### Fortsetzung der Geschichte

Die glorreichste Epoche erlebte Heinrich der Seefahrer nicht mehr. Er starb 1460 in Sagres. Später gelang Bartolomeu Dias die Umsegelung des Kaps der Guten Hoffnung, Vasco da Gama die Entdeckung des Seewegs nach Indien, Pedro Álvares Cabral die Landung in Brasilien. Die Eroberungen brachten aber auch großes Leid über die einheimischen Völker: über Sklavenjagden hinaus die Ausbeutung der natürlichen Ressourcen, spirituell-kulturelle Überlagerungen. Auch daran hatte Prinz Heinrich der Seefahrer in historischer Rückschau seinen traurigen Anteil.

### Spurensuche

Wer sich an der Algarve auf Spurensuche begibt, begegnet dem Prinzen in Lagos gleich doppelt: als Denkmal auf der Praça do Infante Dom Henrique (in Sichtweite des historischen Sklavenmarktbaus) und als Bestandteil des Wachsfigurenkabinetts. In einem Kirchlein zwischen Lagos und Vila do Bispo, der Ermida da Nossa Senhora de Guadalupe, soll er öfter zur Messe gegangen sein. Und die Festung von Sagres, teils stark restauriert und leicht verunstaltet, gibt es bis heute.

***Links:*** *Das landesweit schönste Erinnerungsmonument zu Portugals Entdeckerzeiten, das Padrão dos Descobrimentos, erhebt sich in Lissabons Vorstadt Belém.*

***Oben:*** *Ein Denkmal für Prinz Heinrich den Seefahrer steht auf dem zentralen Platz, Praça da República, in Lagos.*

**Kleine Bilder rechts, von oben nach unten:** *Karavellen waren zu Zeiten der Entdeckungen regelrechte Nussschalen.*

*Die Festung von Sagres – ob hier Prinz Heinrich der Seefahrer wirklich Gelehrte um sich scharte?*

*So hat sich der Maler José Malhoa 1905 den Prinzen auf den Felsen über Sagres vorgestellt.*

*Er zeigte seinerzeit, wo es langging: Prinz Heinrich der Seefahrer, hier als Denkmal in Sagres.*

***Oben:***
*Wenn sich der Himmel traumhaft verfärbt – die Praia da Rocha im Abendlicht.*

***Rechts:***
*Beste Freiblicke genießt man von diesem Aussichtsbalkon bei der Praia da Rocha.*

***Links:***
*Farbdurchtränkte Wirklichkeit statt künstlichem Kitsch an der Praia da Rocha.*

***Rechts:*** *Architektonische Symmetrie zeichnet die Fassade der Igreja do Colégio auf dem Rathausplatz (Praça da República) von Portimão aus. Davor versprechen Wasserspiele Abkühlung.*

***Unten:*** *Die Hafenpromenade am Rio Arade animiert in Portimão zu einem Bummel.*

***Oben:***
*Schiffe in allen Größen, Formen und Farben: Die Werft am Arade in Portimão eröffnet maritime Bilderwelten.*

***Links:***
*Sogar riesige Kreuzfahrtschiffe können im ausgebauten Hafen von Portimão anlegen.*

**Links:**
*Ein weiterer dieser magischen Strände der Algarve: die Praia dos Três Irmãos.*

**Unten:**
*Um die Praia dos Três Irmãos erfüllen sich Küstenträume für all jene, die raue Natur mögen.*

**Ganz unten:**
*Wie ein Gemälde, ein gigantisches Fenster zur Algarve – Felshöhle bei Alvor.*

***Oben:***
*Alvor zwischen Portimão und Lagos ist einer jener Orte, die sich eine authentische Atmosphäre bewahrt haben.*

***Rechts:***
*In der Gegend von Alvor gibt es ein fantastisches kleines Wegenetz, das sich bis zur Ria de Alvor erstreckt.*

***Links:***
*Sakrales Schmuckstück auf der Anhöhe über Alvor: die Igreja Matriz, die Pfarrkirche, stammt aus dem 16. Jahrhundert.*

***Unten:***
*Wer mag, wirft einen Blick in das goldverzierte Innere der Igreja Matriz von Alvor.*

*Oben:*
*Lagos, an der Flussmündung des Bensafrim gelegen, bietet eine Vielzahl schöner Ansichten, insbesondere von der Wasserseite aus.*

*Rechts:*
*Lagos bietet nicht nur schöne Fluss- und Hafenpromenaden, sondern auch eine gefällige City mit zahlreichen historischen Gebäuden.*

***Links:***
*Stadtmauerreste hinter Palmen; viele Mauerstücke haben sich in Lagos allerdings nicht erhalten.*

***Linke Seite:***
*Die faszinierende Küsten-landschaft bei Lagos lässt sich zu Fuß, aber auch von der Seeseite her mit Booten entdecken.*

*Besuchermagnete bei Lagos sind die kleinen Strände zwischen den Felskulissen der Ponta da Piedade.*

# Die wilde Küste: Costa Vicentina

*Ein Thron über der Küste: der Leuchtturm am Cabo de São Vicente, der Südwestspitze des europäischen Festlandes.*

Nördlich des Kaps São Vicente weht an der Costa Vicentina extrem raue Seeluft, die Wildromantiker und Naturfans in ihren Bann zieht. Der Atlantik ist aufgewühlter und kühler als an anderen Teilen der Algarve. Und reicher an Inhaltsstoffen, von denen in der Nahrungskette zunächst die Fische profitieren, dann Vögel wie Reiher und Fischadler.

Besonders schöne Strände liegen zwischen Vila do Bispo und Carrapateira, angeführt von der Praia da Carrapateira. Topspot für Surfer ist die Praia do Amado, die sich zwischen Felsmassiven ausdehnt. Grollend rollt der Atlantik an, die Strömungen haben ihre Tücken. Einheimische, die sich abkühlen wollen, gehen manchmal nur bis zur Hüfthöhe ins Wasser. Erfahrene Surfer suchen dagegen weiter draußen die besten Wellen. Orientierung im Inland gibt der Ort Aljezur, über dem sich Festungsruinen erheben.

Fernab von touristischen Bettenburgen findet man vielerorts kleine Quartiere. Oder ein ganz besonderes: die Aldeia da Pedralva. Hier hat ein fast verfallenes und verlassenes Bauerndorf dank einer Privatinitiative Wiederauferstehung gefeiert, nämlich als „Slow Village Hotel“ mit stilvoll renovierten Häuschen, in denen man als Gast das Leben auf Entschleunigungsmodus stellen kann. In den herausgeputzten Dorfstraßen ist ein Fotomotiv romantischer als das andere. Kalkweiße Fassaden, dazu Fensterrahmen in Blau- und Rotanstrichen. Kopfsteinpflaster. Laternchen, dekorative Kamine.

Für Wanderungen bietet sich einer der schönsten Naturparks Portugals an, der Parque Natural do Sudoeste Alentejano e Costa Vicentina. Ein Miteinander aus Klippen, Stränden, Habitaten von Seevögeln, Buschwerk, Wildblumen und anderem Pflanzen-Patchwork.

***Oben:***
*Pittoreskes Motiv: Bunte Boote im Fischerhafen von Sagres, von wo auch Boote zu Tauchausflügen starten.*

***Rechts:***
*Die Algarve ist auch Ziel vieler Wohnmobilfahrer, vor allem, wenn es in Mitteleuropa kalt und ungemütlich ist. Hier ein Gefährt an der Ponta da Atalaia.*

***Oben:***
*Strandbistro mit wunderbarer Aussicht bei Sagres – wer möchte da nicht seine Getränke genießen?*

***Links:***
*Karge Felsen mit vertrockneter Vegetation – die Küste bei Sagres hat ihren besonderen Reiz.*

*Schweben über den Wellen – die Küste um die Praia do Castelejo ist unter Paraglidern beliebt.*

*Wer sich in die wilden Atlantikfluten stürzt, wie hier an der Praia do Castelejo, sollte immer vorsichtig sein.*

***Rechte Seite:***
*Strandeinsamkeit, wie sie typisch ist für diese Küstengegenden, hier an der Praia da Cordoama. Der Ausblick erfolgt von der Torre de Aspa – dem wohl höchsten Punkt der Costa Vicentina.*

***Oben:***
*Vila do Bispo ist eine Kleinstadt im Inland und liegt im Parque Natural do Sudoeste Alentejano e Costa Vicentina. Von hier führt eine längere Wanderung zum Cabo de São Vicente.*

***Rechts:***
*Idyllische Stimmung im Ortskern von Carrapateira. Der Platz war schon in der Frühzeit besiedelt, der heutige Ort entstand im 12. Jahrhundert.*

***Links:***
*Carrapateira mit seiner pittoresken Windmühle ist ein ideales Sprungbrett an die schönen wilden Strände der Costa Vicentina, hier findet man zahlreiche Unterkünfte als Basislager.*

*Die Costa Vicentina, unter anderem mit der Praia da Arrifana (bekannt für ihre hohe Wellenqualität), ist ein Paradies für Surfer. Hier kann man in Eigenregie aufs Brett steigen, aber auch an Kursen teilnehmen.*

***Links:***
*Die richtige Welle zu erwischen, hier an der Praia da Arrifana, ist für Surfanfänger alles andere als einfach.*

***Unten:***
*Wenn die Sonne im Meer vor der Costa Vicentina versinkt ... Das grandiose Küstenpanorama genießt man hier von einem Aussichtspunkt.*

**Linke Seite:**
*Weiße Häuser samt einer Windmühle schachteln sich den Hügel hinauf. Das kleine Städtchen Odeceixe, am Fluss Seixe gelegen, ist an den Fernwanderweg Rota Vicentina angebunden.*

*Über dem Landstädtchen Aljezur erhebt sich eine frei zugängliche maurische Festung, deren Geschichte ins 10. Jahrhundert zurückreicht.*

*Hier mündet der Ribeira de Seixe bei Praia de Odeceixe ins Meer – so gibt es zwei Bademöglichkeiten: am ruhigen Fluss- oder am stürmischen Meeresstrand.*

# Im Reich der fangfrischen Fische – die Algarveküche

Die „Casa Corvo" setzt Rauchzeichen. Der Qualm nebelt die Nachbarhäuser ein, ohne dass jemand auf die Idee käme, eine Anwohnerbeschwerde zu starten. Bereits aus der Ferne riecht es verführerisch nach frisch gegrilltem Fisch. Am Rost ist alles unter Kontrolle. In unmittelbarer Nähe halten sich Tischchen und Stühle, allesamt voll besetzt, auf wackligen Beinen auf dem Asphalt. Gleich daneben verläuft eine Dorfstraße. Gelegentlich fährt ein Auto längs. Niemand stört sich daran. Die Portionen in der „Casa Corvo" sind bestens bemessen, auch die des kräftigen Landweins, den man aus schlierigen Gläsern trinkt. Preise und Qualität sind exzellent. Ein Nachschlag Fisch lässt sich zu moderatem Aufpreis ordern.

Erleichtert stelle ich fest: Ja, das gute alte Portugal lebt weiter fort, zumindest gerade hier im Örtchen Fuseta. Und auch die Ruhe und Zeit, die sich Portugiesen zum Essen nehmen, hat sich trotz aller Fortschritte der Moderne und dem international verbreiteten Hang zum Immer-erreichbar-sein-müssen in die Gegenwart hinübergerettet. Dem südländischen Denken und Handeln entspricht, dass Essen Savoir-vivre bedeutet und nicht bloßer Nahrungsaufnahme gleichkommt, sondern eine sozial verbindende Komponente hat. Sicher, in den Metropolen mag dies im Arbeitsalltag gestresster Städter weniger zutreffen, aber vor allem im ländlichen Raum wie hier an der Algarve hat es unverändert Gültigkeit. Und das ist gut so.

### Essenz des Meeres

Fische und Schalentiere sind traditionelle Stützen der Algarveküche – ein Genuss, idealerweise begleitet von einem regionalen Tropfen. Fisch, nämlich Stockfisch (bacalhau), gibt es auch als Anlieferung, die nicht von Portugals Küsten stammt, aber landesweit einen großen Stellenwert genießt. Bacalhau, so heißt es, lässt sich auf 1001 Arten zubereiten. Man kann sich aber auch fangfrischen Produkten wie Goldbrassen, Seehechten und Seeaalen zuwenden. Einen hohen Stellenwert genießen die Entenmuscheln (percebes), die an Klippen wachsen und deren Ästhetik nicht gerade überzeugt. Eher wirken sie wie abgehackte Schildkrötenbeinchen. Doch Kenner rühmen ihren Geschmack als wahre Essenz des Meeres.

### Auf „Eating Tour" mit dem Profi

Ein Spezialist der Küche ist António Guerreiro, der in Olhão eine „Eating Tour" anbietet. Diese startet in den Markthallen mit einer informativen Unterfütterung an Fischständen. „Das dort heißt muxuma", sagt António und deutet auf rötliche Stücke, die aussehen wie roher Schinken. „Es ist getrockneter Tunfisch, wie ihn bereits die Phönizier produzierten, heute eine rare Delikatesse aus Vila Real de Santo António", klärt António auf. Dann führt er zu einem bekannten Fischhändler, João, der gerade die Kiemen aus einer Makrele herausholt. Die müssen richtig blutrot sein, erfährt man, das zeige die Frische an; im gegenteiligen Fall wird die Färbung deutlich dunkler. In der Nachbarhalle gibt's einen frisch gepressten Orangensaft und einen Feigenstern mit Mandeln zur Verkostung. „Früher wurden hier die Terrassen genutzt, um Feigen zu trocknen und nicht, wie man vermuten könnte, Fisch", berichtet António Erstaunliches. Zum Anbeißen im Markt sind auch die Himbeeren. Alles Produkte von der Algarve, zu denen sich im Vorzugsklima mittlerweile Papayas und Mangos gesellt haben.
António führt weiter in die Probierstube der Konservenfabrik Manna, wo Sardinenpastete seit der Mitte der 1980er-Jahre der Absatzschlager ist. Nahe der Fischversteigerung wird alles frisch eingedost, teils noch per Hand, was im dritten Jahrtausend absolut antiquiert erscheint.
In den verwinkelten Gassengeflechten Olhãos kennt António Adressen mit den besten Gerichten. Da kommen Oktopusstücke auf den Tisch. Garnelen in würzigem Sud. Tunfischfilets mit gekochten Zwiebeln, Paprika, dünn geschnittenen Kartoffeln. „Wir wollen zeigen, dass die Algarve mehr ist als Beach und Golf, und eine wunderbare Gastronomie dahintersteht", so António. Fazit: Mission erfüllt, Appetit auf mehr gemacht!

***Links:*** *Entenmuscheln, die man auf den Märkten bekommt, haben nicht umsonst ihren hohen Preis; sie sind schwierig zu finden.*

***Oben:*** *Aljezur hat zwar nur eine kleine Markthalle, aber auch hier ist das Angebot an Meeresgetier riesengroß.*

**Kleine Bilder rechts, von oben nach unten:** *Im ganzen Land verbreitet und in unzähligen Zubereitungsvarianten zu finden: Stockfisch (bacalhau).*

*Als Bällchen oder als Filet – aus und mit Stockfisch lassen sich die verschiedensten Gerichte zaubern.*

*In der Markthalle von Tavira fahren die Stände ein üppiges Obstangebot auf.*

*Im Inland kann man auch oft Gerichte mit Schaffleisch kosten.*

**Links:**
*Charakteristisch für Zambujeira do Mar ist die Steilküstenlandschaft – spektakulär das nicht ungefährliche Klippenangeln an den stürmischen Klippen vor der Fischerkirche Capela da Nossa Senhora da Mar.*

**Unten:**
*Hier kehrt man gerne ein, um das Essen zu genießen und die Aussicht auf die Praia da Amoreira.*

**Ganz unten:**
*Das stille, freundliche Zambujeira do Mar zieht sich oberhalb eines Steilküstenstreifens entlang.*

*Vila Nova de Milfontes liegt am Mündungstrichter des Rio Mira; das kleine Kastell stammt aus dem 17. Jahrhundert.*

*Hunderte von Steintürmchen verwandeln diesen Strand der Costa Alentejana in ein Zauberland.*

***Rechte Seite:***
*Ein Stück nördlich von Zambujeira do Mar schiebt sich das zerklüftete Cabo Sardão in den wilden Atlantik vor.*

***Oben:***
*Das Hochland um Monchique ist vom Westteil der Algarve, aber auch von der Südwestküste her gut erreichbar. Hier erhebt sich auch der 902 Meter hohe Berg Fóia.*

***Rechts:***
*Das alte Kur- und Thermaldorf Caldas de Monchique ist in üppiges Grün eingefasst.*

***Seite 104/105:***
*Vom Thron der Algarve, dem Berg Fóia, schweifen die Blicke weit übers Land – und bis zum Meer.*

***Links:***
*Vielerorts aus der Serra de Monchique bieten sich prächtige Ausblicke.*

***Unten:***
*Der Ort Monchique ist ins Gebirge eingefasst; von hier sind es acht Straßenkilometer bis zum höchsten Algarveberg Fóia.*

# Aufbruch ins Hinterland: der Alentejo

*Landgüter in beschaulicher Einsamkeit sind ganz typisch für den Alentejo.*

Es sind andere Welten, die sich nördlich der Algarve öffnen. Besonders friedliche, dünn besiedelte Welten aus Schaf- und Stierweiden, Olivenbäumen, Korkeichen, Getreidefeldern, Grassteppen. So weit das Auge reicht. Im Alentejo wachsen auch Weintrauben für vorzügliche Tropfen, werden Lusitano-Pferde gezüchtet, haben Großtrappen ihre Lebensräume, staut sich die Sommerglut. Linderung verschafft der Rio Guadiana, der im Ostteil zum gigantischen See Alqueva aufgestaut worden ist. Im äußersten Westen der Region geht es zu netten Küstenorten wie Vila Nova de Milfontes, gelegen am Mündungstrichter des Flusses Mira; bis dorthin und weiter reicht auch der Parque Natural do Sudoeste Alentejano e Costa Vicentina. Binnenländische Dörfer wirken wie Zeitblasen, aber natürlich nicht überall. Touristisch frequentierter ist Mértola mit der leuchtweißen Hauptkirche, deren Inneres den Moscheevorläufer der Mauren verrät, und dem imposanten Kastell. Für kulturhistorische Höhepunkte steht die Stadt Évora, in der die Vergangenheit ihren Platz bewahrt, ohne der Gegenwart den Raum zu stehlen. So zumindest hat es der portugiesische Literaturnobelpreisträger José Saramago einmal skizziert. Évoras Zentrum zählt zum Weltkulturerbe der UNESCO, geprägt durch die Kathedrale, den Römertempel, die Praça do Giraldo. Leicht gruselig wird es in der Knochenkapelle der Kirche São Francisco, voll menschlicher Reste an Decken und Wänden. „Wir Knochen, die wir hier liegen, warten auf eure", heißt es in der historischen Begrüßungsformel, die auf Franziskanermönche zurückgeht. Lohnendes Ziel westlich von Évora ist der Cromeleque dos Almendres, eines der besten Beispiele für Megalithkultur in Portugal.

**Unten:**
*Auf dem Weg in den Alentejo lohnt sich unbedingt ein Halt im malerischen Alcoutim. Die Kleinstadt liegt im äußersten Nordosten der Region Algarve.*

**Ganz unten:**
*Markant ragt in der Kleinstadt Beja der Hauptturm der Burg auf. Er ist nur eines von vielen historischen Monumenten, die bis in die Römerzeit zurückreichen.*

**Rechts:**
*Prägnant in Alcoutim ist der portugiesisch-spanische Grenzfluss Guadiana. Entsprechend seiner Grenzlage hat der Ort auch eine Festung, das Castelo de Alcoutim, das in seinen Ursprüngen aus dem 14. Jahrhundert stammt.*

**Links:**
*In Mértola legt sich das Kastell aus dem 13. Jahrhundert imposant über den Stadthügel, den man über eine hochbogige Brücke erreicht.*

**Unten:**
*Ländliche Idylle kann man bei Entdeckungen in und um Mértola erfahren: eine Windmühle auf einem Berg.*

# Exzellente Tropfen von Winzern mit Ambitionen

Verschlungene Wege führen mich im Küstenhinterland zwischen Lagoa und Silves zur Quinta da Vinha Cabrita, einer kleinen, familiengeführten Kellerei, die mit ihrer vergleichsweise jungen Geschichte ganz typisch ist für die Algarve. Wobei Weinbau und -handel alles andere als Neuland sind in Portugal. Bereits Phönizier, Griechen und Römer verstanden sich darauf. An der Algarve jedoch, wo Weine vormals weit verbreitet waren, verschwanden sie fast vollständig als Handelsprodukt. Seit etwa der Jahrtausendwende feiert der Anbau eine Wiederbelebung und bringt mittlerweile exzellente Tropfen hervor. Dafür sorgen Winzer mit Ambitionen, über 3000 Sonnenstunden pro Jahr, die Kalk-Lehm-Böden, das atlantische Klima. Plantagen mit Zitrusfrüchten tragen Aromen heran, Berge halten die kalten Winde des Nordens zurück.

**Besuch in der Familienkellerei**

Heute führt mich Andreia Cabrita durch die Kellerei ihrer Familie. Sie erzählt von ihrem Großvater José André, der hier schon seine Weingärten pflegte, allerdings ohne kommerzielle Absichten: nur für den Hausgebrauch, „für sich und seine Freunde", so Andreia. Ihr Vater José Manuel hingegen war der wahre Visionär, ein echter Vorreiter. Im Jahre 2000 entschloss er sich, den Weinbau groß rauszubringen, „in guter Qualität", was natürlich nicht von heute auf morgen glückte. Die ersten Reben warfen nach vier Jahren eine Kleinstproduktion ab. Erst gegen Ende der Nullerjahre ging es richtig aufwärts, Preise bei Wettbewerben beflügelten José Manuel. Er kaufte Ländereien dazu und pachtete später zusätzlich welche, baute die Produktion aus. Der erste hochwertige Rotwein, ein Reserva-Jahrgang, kam 2009 heraus. „Reservas machen wir nicht immer, sondern nur, wenn wir das Jahr für richtig halten", stellt Andreia klar. Sie erinnert sich, dass sich vor vielen Jahren die Weinreferenz an der Algarve auf eine einzige Kooperative in Lagoa beschränkte: mit miserablen Tropfen und schlechtem Ruf. Auch das hat sich grundlegend geändert. Das Hauptaugenmerk bei Familie Cabrita liegt auf der Qualität, nicht auf der Masse. Da wäre sie bei einer Jahresproduktion zwischen 75 000 und 80 000 Flaschen auch gar nicht konkurrenzfähig.

**Über Rebsorten und das Weinlabel Algarve**

Bei der Weinprobe überzeugen die Resultate: die Roten mit ihrer fruchtigen Eleganz und ausgewogenen Säure, die trockenen Weißen und ein spritzig-frischer Rosé, der Bestseller der Kellerei. „Der passt auch gut zu Fleisch und stark gewürztem Essen", sagt Andreia. Ihr steht Weinmacher Dinis Gonçalves mit ergänzenden Infos zur Seite und unterfüttert für Spezialisten mit den Rebsorten: beim Weißwein Arinto und Verdelho, beim Rotwein Trincadeira, Touriga Nacional (die Königin der portugiesischen Rebsorten) und Aragonês (vergleichbar mit dem spanischen Tempranillo).
Önologe Dinis, der aus Lagos stammt und schon in Neuseeland im Weinbusiness gearbeitet hat, sieht bei der Vermarktung des Weinlabels Algarve riesigen Nachholbedarf. Noch immer werde die Gegend nicht ausreichend mit Weinproduktion in Verbindung gebracht. „Diese Schranke muss durchbrochen werden", gibt er sich kämpferisch.

**Potenzial für Spitzenweine**

Der nächste Besuchs- und Verkostungstermin steht bei Estômbar in der Quinta dos Vales an. Die ältesten Weingärten datieren vom Ende der 1990er-Jahre, erfahre ich, die Produktion ist technologisch mit temperaturkontrollierter Fermentation und Edelstahltanks auf die Höhe der Zeit gehievt worden. Natürlich gibt es auch Eichenholzfässer für den Ausbau der Weine, entweder aus Frankreich oder aus Ungarn. Sechs Jahre lang sei ein Fass hier in Gebrauch, so Führer und Önologe Stefano Stante. Qualitätsweine fließen heutzutage in den Export bis in die Schweiz und nach China und Kanada ab. Und auch aus den steigenden Besucherströmen schlägt die Quinta dos Vales Kapital.
Begleiter Stefano schlägt in die selbe Kerbe wie zuvor Dinis: „Wenn man beim Wein an Portugal denkt, denkt man an den Douro, den Alentejo. Man glaubt, die Algarve, das ist nur Strand und Ferien. Aber hier kann man wirklich Spitzenweine machen."

***Links:***
*Andreia Cabrita zeigt in der familiengeführten Kellerei, der Quinta da Vinha Cabrita, einen Wein.*

***Oben:***
*Portugal ist ein bekanntes Weinbauland, auch mit Tropfen aus dem Alentejo. Die Algarve hat hingegen noch Nachholpotenzial.*

**Kleine Bilder rechts, von oben nach unten:** Bei der Weinprobe in der Quinta da Vinha Cabrita.

In der Quinta da Vinha Cabrita werden die Flaschen sorgsam und voller Stolz präsentiert.

Ein Rotweinengel? Edelstahltanks mit Kunstobjekt in der Quinta dos Vales.

In den Holzfässerlagern der Quinta dos Vales reift der Traubensaft.

***Links:***
*Der alte Festungsort Mourão liegt tief im Alentejo; auch hier setzten sich im Mittelalter die Mauren fest.*

***Unten:***
*Im gefälligen Moura mit Klosterkirche und Burg hat man sich dem Gebiet des riesigen Alqueva-Stausees angenähert.*

***Ganz unten:***
*Ein Faible für Pflanzen: Ansicht einer Blumengasse in Moura, das auch sonst nicht arm an historischen Sehenswürdigkeiten ist.*

***Oben:***
*Monsaraz, einer der schönsten mittelalterlichen Orte im Alentejo, thront auf einem Hügel und bietet entsprechend gute Aussichten – zum Beispiel auf den Alqueva-Stausee.*

***Rechts:***
*Durch diese Staumauer ist der Rio Guadiana auf einer Länge von 80 Kilometern in den Alqueva-Stausee verwandelt worden.*

**Links:**
*Der Alqueva-Stausee wurde 2002 fertiggestellt und hat unter seinen Fluten zahlreiche archäologische Fundstellen begraben.*

**Rechts:**
*Typisch für den Alentejo und auch die Algarve: Begegnungen mit Weißstörchen – hier in ihrem Nest auf einem Hausdach in Estrela.*

**Unten:**
*Schlummert in der tiefsten Provinz vor sich hin: Póvoa de São Miguel mit seiner Dorfkirche.*

***Oben:***
*Und immer wieder tauchen im Alentejo Landgüter auf. Die Besiedlung ist außerordentlich dünn.*

***Links:***
*Nicht nur Reisende, auch Kühe zieht es an die Ufer des Stausees Alqueva.*

***Linke Seite:***
*Glückliche Pferde grasen auf grünen Weiden – mit dem Stausee Alqueva im Hintergrund.*

*Korkeichen und Viehzucht sind untrennbar mit dem Alentejo verbunden.*

*Wer im Frühling kommt, darf sich an solch farbenprächtigen Blumenwiesen erfreuen.*

# Ein nationales Symbol: die Korkeiche

Nackt, will heißen: entrindet, erstrahlen sie im Abendlicht in fotogenen Orange- und Rostrottönen: die Stämme von Korkeichen, die das Doppelte eines durchschnittlichen Menschenlebens erreichen können, stolze 150 bis 200 Jahre. Überall an der Algarve und im Alentejo sind jene Bäume anzutreffen, die das Material für Weinflaschenverschlüsse und vielerlei mehr liefern. Alle neun Jahre werden ihre unteren Teile abgeschält. Und das nur zur heißeren Jahreszeit zwischen Ende Mai und September. Im Sommer kleben die natürlichen Harze nicht so sehr, im Winter wäre es unmöglich. Die Abschälvorgänge sind Handarbeit geblieben und spielen sich nicht im Hauruckverfahren ab, sondern verlangen nach Gespür und Erfahrung, um riesige Platten zu lösen. Ein erfahrener Abschäler schafft an einem Tag Dutzende von Korkeichen. Die äußere Rinde der Korkeiche heißt in Insiderkreisen „Rücken", das Innere „Magen". Nach der Schälung werden die Bäume markiert und haben wieder ihre Ruhe. Nicht alles ist Spitzenqualität, das minderwertige Material liefert Granulate. In Portugal ist die Korkeiche zum nationalen Symbol deklariert worden. Die Bäume wachsen am besten auf sauren Böden.

### Eine lange Geschichte

Kork, so ist es bezeugt, wird vom Menschen seit vielen tausend Jahren genutzt. Die alten Römer waren ebenfalls mit von der Partie. Was in Frühzeiten mit Warmhaltegefäßen und Schöpflöffeln begann, erfuhr ab Mitte des 19. Jahrhunderts seine Fortsetzung auf industrieller Schiene. Fischer brauchten den Kork für Bojen, dann setzte die Nachfrage aus dem Weinhandel nach Flaschenkork ein. Damit entstanden neue Berufe wie der Pfropfenmacher.

### Vielfache Verwendung

Um möglichst umfassend die Welten des Korks zu erkunden, bin ich rund um das traditionelle Produktions- und Landstädtchen São Brás de Alportel einen Tag lang mit Sofia Carrusca unterwegs. Sie kennt sich nicht nur bestens in der Materie aus, sondern blickt auf ihren ganz eigenen Erfahrungsschatz mit Korkbezügen zurück. „In meiner Grundschule in São Brás de Alportel waren Teile des Klassenzimmers mit Kork verkleidet", erzählt Sofia und setzt hinzu: „Später an der Algarve-Universität in Faro, wo ich studiert habe, gab es Decken aus Kork."
Sofia Carrusca bringt mich zu einem der letzten Korkbetriebe in São Brás de Alportel. „Früher gab es hier und rundherum 60, 70", sagt sie und sprudelt hervor, für was Kork alles benutzt wird. Es steckt in Griffen von Nordic-Walking-Stöcken, in Golf- und Badmintonbällen, orthopädischen Schuheinlagen, Fußbodenisolierungen. Doch der wichtige, der teure Kork bleibt der, der Weinflaschen verschließt. Ergänzend dazu gibt es Nachfrage nach den dickeren Champagnerkorken und Korkleder, wozu Kork erst einmal aufwändig umgewandelt werden muss. Dann werden Taschen und Portemonnaies daraus, Brilleneetuis, sogar Regenschirme, Kopfbedeckungen und Modeaccessoires.

### Komplexe Produktionsschritte

Korkstapel schichten sich vor dem kleinen Fabrikbau in São Brás de Alportel auf. Kork könne jahrelang draußen bei Wind und Wetter lagern, erklärt Sofia. Wenn's drauf regnet, sei das kein Problem. Entscheidend sei, dass die natürlichen Harze trocknen. Die eigentliche Korkproduktion beginnt mit dem Kochen des Korks, der dadurch auch desinfiziert wird, eine Stunde bei hundert Grad. Hier kommen noch immer alte Kupferkessel zum Einsatz. Danach folgen: die Stabilisierungsphase, die Auswahl der Qualitätsstufen, das Zurechtschneiden des hochwertigsten Materials für die Flaschenkorken. Dafür sind im Kleinbetrieb die beiden Eigentümer zuständig, José und Afonso, die bereits in jungen Jahren bei der Korkherstellung mitzuhelfen begannen: Afonso mit zwölf, José mit dreizehn Jahren! Immer wieder müssen sie die Korkporen und mögliche Schäden durch Insekten kontrollieren. Naturprodukt bleibt Naturprodukt.
Die Korkindustriebesitzer sind nicht zwangsläufig die Korkbaumbesitzer, erfahre ich von Sofia auf der abschließenden Fahrt durch die Korkeichenwälder der Serra do Caldeirão. Das könnten gewöhnliche Familien sein, die sich durch den Verkauf der Rinde ein kleines Zubrot verdienen wollen.

*Links:*
*Die Korkenherstellung erfordert viel Feingefühl.*

*Oben:*
*Korkeichen sind nicht nur mit Wirtschaftsinteressen verbunden, sondern auch willkommene Schattenspender.*

**Kleine Bilder rechts, von oben nach unten:** Geschält werden immer nur die unteren Teile der Korkeichen.

So sieht eine Baumscheibe einer Korkeiche aus.

Das Rohmaterial der Korkeichen findet viele Verwendungszwecke.

Waren aus Kork – ob Taschen, Rucksäcke oder Portemonnaies – sind beliebte Mitbringsel.

***Oben:***
*Gebrauchsanweisung zur Entdeckung eines Ortes wie Monsaraz: einfach durch die Gassen treiben lassen.*

***Rechts:***
*In der Ortsmitte von Monsaraz erhebt sich die Kirche, doch bedeutsamer sind die Reste der Burg aus dem 13. Jahrhundert.*

***Seite 124/125:***
*Monsaraz ist ein echter Traumsteinort mit vielen historischen Gebäuden und einer Stadtmauer – besonders schön bei Sonnenaufgang.*

**Oben:**
*In Monsaraz folgt ein stiller, idyllischer Winkel auf den nächsten.*

**Links:**
*Komposition aus Monsaraz: tiefblauer Himmel, leuchthelle Hausmauern, ein Laternchen, ein Zitronenbaum.*

***Unten und ganz unten:***
*Reguengos de Monsaraz ist für seine Weine bekannt, doch auch die Kirche und das Rathaus verdienen einen Blick.*

***Rechts:***
*Portel wird von einer zinnenbesetzten Burg beherrscht, die im 13. Jahrhundert zu Zeiten von König Afonso III. entstand.*

**Links:**
*Im Alentejo ist Évora quasi eine Pflichtstation. Die Stadt steckt voller Atmosphäre und historischem Erbe.*

**Unten:**
*Dreh- und Angelpunkt in der Altstadt von Évora ist die Praça do Giraldo mit ihrem Renaissancebrunnen und der angrenzenden Kirche Santo Antão.*

**Ganz unten:**
*Évora gehört zum Weltkulturerbe der UNESCO, besitzt eine wuchtige Kathedrale und bewahrt auch Spuren aus der Ära der Römer.*

**Seite 132/133:**
*Der Alentejo, das ist ein weites, ursprüngliches Land, angefüllt mit Getreidefeldern, Grassteppen, Olivenhainen, Korkeichen. Hier ein Eindruck aus der Gegend um Évoramonte.*

# Register

Costa Vicentina
Odeceixe
Maria Vinagre
Rogil
Castelo Mourisco
Ponta da Atalaia
Vale da Telha
Aljezur
Barranco da Vaca
Serra de Espi
Barragem de Odiáxere
Pontal
Bordeira
Carrapateira
Bensafrim
Zoo de Lagos
Pedraiva
Barão de São João
Almadena
Raposeira
Budens
Vila do Bispo
Figuera
Burgau
Luz
Salema
Forte
Zavial
Fortaleza de Belixe
Grutas do Monte Frances
Cabo de São Vicente
Martinhal
Sagres
Ponta de Sagres
Fortaleza/Faro de Sagres
B
A t l

BEJA
CASTRO VERDE
Ourique
Mértola
Odemira
Teotónio
PORTUGAL
Almodôvar
SPANIEN
Rio Guadiana
Rio Chança
Barragem do Chança
Santa Marta
Cortes Pereiras
Alcoutim
Giões
Martim Longo
Pereiro
Alcaria Alta
Santa Justa
Zambujo
Balurcos de Baixo
Vaqueiros
Zambujal
Alamo
Furnazinhas
Foz de Odeleite
Odeleite
Ribeiro de Odeleite
Cachopo
Fernandhilo
Estrada
Albufeira de Odeleite
Portela
Azinhal
Albufeira de Beliche
Junqueira
Serra de Alcaria do Cume
Alcaria do Cume 525 m
Carrapateira
AYAMONTE
Castelo de Castro Marim
Castro Marim
Vila Real de Santo António
Estorninhos
Cascata Moinhos da Rocha
Vila Nova de Cacela
Monte Gordo
Altura
Manta Rota
Ponta da Areia
Santa Catarina da Fonte do Bispo
Conceição
Malhão
TAVIRA
Cabanas
Ponte Romana
Santo Estêvão
Castelo mouro
Forte do Rato
Santa Luzia
Pedras del Rei
Ilha da Tavira
Moncarapacho
Luz de Tavira
Torre de Ares
Fuseta
Ilha da Armona
Armona
OLHÃO
Quelfes
Pechão
Ilha da Culatra
Cabo de Santa Maria
Parque Natural da Ria Formosa
Ilha da Barreta
Ilha de Faro
FARO
Igreja do Carmo
Sé Catedral
Albufeira de Beliche
Brenha 359 m
Azilheira
Boa Vista
Serra de Monchique
São Marcos da Serra
Xeixa 440 m
Serra do Caldeirão
Ameixial
Anta das Pedras Altas
Cavalos
Pelados 589 m
Feiteira
Cortelha
Barranco do Velho
Querença
Salir
Castelo mouro
Benafim
Alte
Aguas Frias
Malhão
Cortinhola
Museu João de Deus
Ermita de Santaria
São Bartolomeu de Messines
Amorosa
Cumeada
Calvos
Ribeira de Arade
Ribeira de Odelouca
Alferce
Igreja Matriz
Monchique
Fóia 902 m
Picota 773 m
Caldas de Monchique
Caseis
ALGARVE
Odelouca
Museu Municipal de Arqueologia
Sé Catedral
Silves
Tumolos de Alcalar
Porto de Lagos
Mexilhoeira Grande
PORTIMÃO
Estômbar
Lagoa
Igreja Matriz
Alvor
Parchal
Ferragudo
Carvoeiro
Praia da Rocha
Porches
Alfanzina
Benagil
Nossa Senhora da Rocha
Krazy World
Paderne
Tunes
Algoz
Alcantarilha
Pêra
Guia
Ferreiras
Armação de Pêra
ALBUFEIRA
Centro Historico
Galé
Olhos de Água
Muralha de manuelino
Gilvrazino
Alto Fica
Aldeia da Tôr
Boliqueime
Vilamoura
Quarteira
Vila Romana
São Clemente Castelo
LOULÉ
Vale de Judeu
Quatro Estradas
Almancil
Vale de Lobo
Quinta do Lago
São Brás de Alportel
Museu Etnográfico
Machados
Santa Bárbara de Nexe
Milreu
Palácio de Estói
Estói
Parque das Cidades
Conceição
Patação
10 km

*Vor dem Cabo de São Vicente: der Kultimbiss „Letzte Bratwurst vor Amerika".*

***Impressum***

***Buchgestaltung***
*Matthias Kneusslin*
*www.hoyerdesign.de*

***Karte***
*Fischer Kartografie, Aichach*



*Printed in Italy*
*Repro: Artilitho snc, Lavis-Trento, Italien*
*www.artilitho.com*
*Druck und Verarbeitung:*
*Grafiche Stella srl, Verona, Italien*
*www.grafichestella.it*


*ISBN 978-3-8003-4309-6*

***Bildnachweis***
*Alle Bilder von Chris Seba mit Ausnahme von:*
*Wikimedia Commons: S. 46 unten; S. 47, 3. Bild von oben: DAVIDPSI (Lizenz cc-by-sa 3.0); S. 71 oben; S. 71. 2. Bild von oben: Kyle Taylor (Lizenz cc-by-sa 2.0); S. 71, 3. Bild von oben: José Malhoa (1855–1933); S. 71 unten: Rodow (Lizenz cc-by-sa 4.0); S. 96 links: Scott Edmunds (Lizenz cc-by-sa 2.0); S. 122 unten: Willem van der Poll; S. 123 rechts oben: Videopodlahy (Lizenz cc-by-sa 4.0); S. 123, 2. Bild von oben: Plantsurfer; S. 123, 3. Bild von oben: Carsten Niehaus (Lizenz cc-by-sa 3.0).*
*Andreas Drouve:*
*S. 112 unten; S. 113 rechts (4 Bilder).*

*Unser gesamtes Programm finden Sie unter:*
***www.verlagshaus.com***

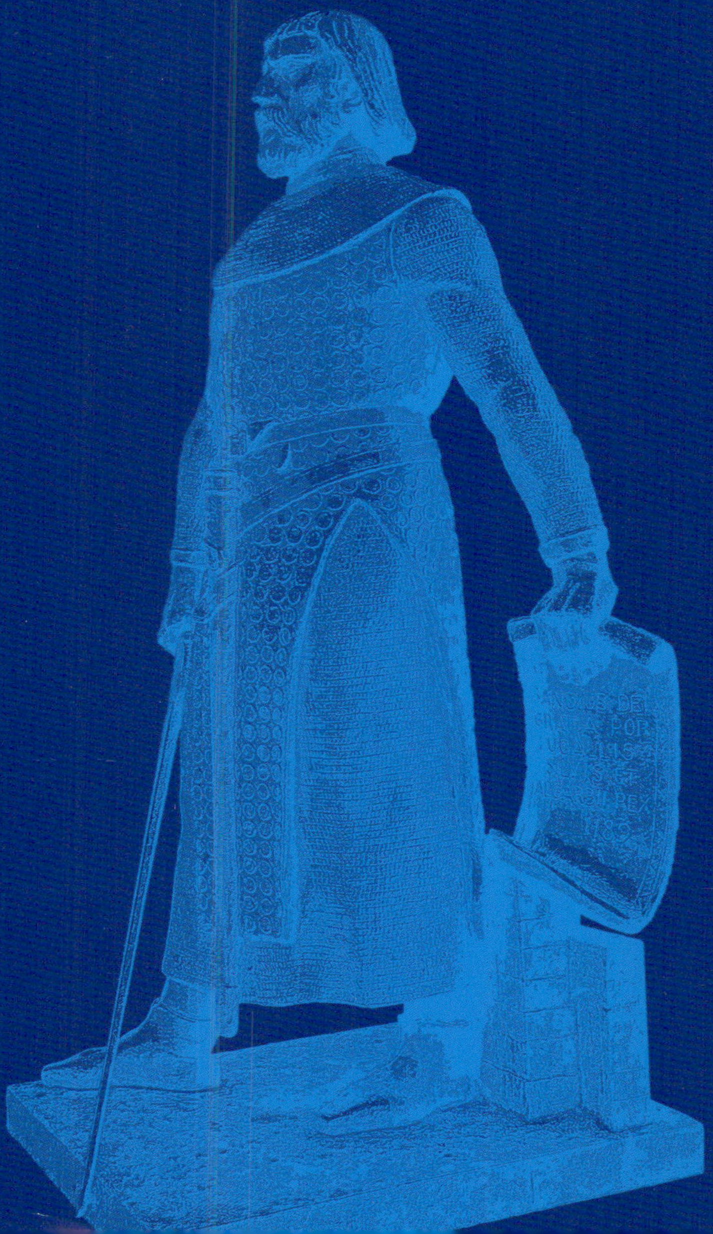